사진촬영_ 최주아

나혜경

미스김라일락

애지시선 064

미스김라일락

2015년 11월 15일 초판 1쇄 발행

지은이 나혜경
펴낸이 윤영진
편 집 함순례
홍 보 한천규
펴낸곳 도서출판 애지
등록 제 2005-5호
주소 300 - 812 대전광역시 동구 대전로 867번길 46 4층
전화 042 637 9942
팩스 042 635 9941
전자우편 ejiweb@hanmail.net

ISBN 978-89-92219-62-4 03810

* 이 책은 전라북도 문예진흥기금 일부를 지원받았습니다

애지시선064

미스김라일락

나혜경 시집

□ 시인의 말

지금, 딱 반환점에 서 있는 기분이다.

이곳 세렝게티에서 그곳 마사이마라까지,
가는데 얼마나 걸리겠나.

2015년 소춘小春
우목실에서
나혜경

차례

제2부

제3부

제4부

제1부

명품

구찌나 프라다가 이보다 비쌀까

달달하게 바람을 굽고 있는 볕살과 수줍은 듯 허공의 움푹한 곳에만 몰려와 엉덩이를 까는 꽃망울들과 벽을 찢고 나오는 야들야들 어린 고양이 발가락 같은 이파리들과 날것으로도 먹기 좋게 모서리를 지워가는 들판과 그 사이 지구별 밖 어느 먼 나라에서 앉은뱅이걸음으로 걸어와 나물 뜯느라 둥글어진 사람과…

이 봄에 모조模造란 없다

머리 생각

짐칸만 주차된 트럭, 발이 묶였다
바퀴벌레는 대가리 없이도 살 수 있다지만 열흘 남짓뿐
본체 없는 컴퓨터가 무념무상이다
우두머리가 없다면 책임은 누가 지나
버르장머리 없는 아이는 어른 머리 꼭대기에 앉는다
주변머리 없어 답답한 삶이 있다
밥은 손닿는 밥상머리에서 먹어야 배부르다
두물머리에 모여 함께 갈 때 물줄기는 도도해진다

머리는 얼마나 더 오랫동안 자리를 비울 수 없나
얼마나 더 많은 문을 열고 닫고 잠그고 다시 열어야 하나
얼마나 더 단단하고 말랑하고 동그랗고 길쭉한
아침을여름을무심을직선을침묵을바람을문체를꼬리를
침을 튀기며
쓰고 지우고 다시 쓸 수 있나

머리 없이도 배부른, 세상은 벌써 저만치 굴러가고 있는데

필요 없는 것이 버티고 있어 문 밖에 서성이는 필요

날개를 달고 하늘 끝까지 솟구칠 자세로
떨어질 준비를 하는 아슬아슬하기만 한 머리

스발바르국제종자저장고

스발바르, 하면 밥 냄새가 난다

죽어도 죽지 않는 지구의 목숨 있다면 첫밥은 그곳에서 짓겠지
얼음이 있던 자리에 쌀을 안치고 불을 지피고 뜸을 들이고
무너진 세계는 밥심으로 다시 일어날 것이다

북극해 스발바르섬 암반 속에 모신 씨앗들의 이름을 불러본다
이 가여운 것들은 최후의 보루가 되어 최면에 걸린 듯
긴 잠에 들었다 처음도 끝도 아닌 아찔한 높이를 견디고 있다

뜨거운 밥보다 더 뜨거운, 찬밥 있다
손대지 말아야 할 밥이 먼 곳에 있으니
멸망을 염려하지 말라

오래된 가뭄에서 꺼내 듣는 빗방울 소리처럼

세상은 뒷주머니에 꼬깃꼬깃, 뛰는 심장 하나 접어 넣고 있다

미스김라일락

이른 봄 서쪽 마당에 심은 키 작은 미스김라일락
하필 세월호가 진도앞바다에 침몰했을 즈음 자잘자잘 꽃을 피운다
출근할 때마다 퇴근할 때마다 속죄하듯
심해 깊숙이 얼굴을 묻고 녀석들의 향기를 흠흠 맡는다
숨을 쉬고 있는지 확인하는 거다
구조 좀, 깔깔깔, 얘들아 살아서 만나자, 깔깔깔, 엄마 아빠 사랑해, 깔깔깔
슬프거나 말거나 세상일 따위 아랑곳없이
수면 위로 진하게 분내를 조잘조잘 밀어 올리는 목소리
천지가 꽃철인데 울컥울컥 앞마당까지 만조다
제자리에 있으라 제 · 자 · 리
찾은 고통과 못 찾은 고통에 갇혀 나도 제자리, 한 발 나아가지 못하겠다

연중 '봄'

세어 봄, 앉아 봄,
알아 봄, 설명해 봄, 표현해 봄, 골라 봄, 시범해 봄

월 평가를 읽어 보니
학생들은 사계절 봄을 실천하였구나

약골 야행 습관

어둠 쪽으로 기운 중력을 가지고 태어난 것들이 있다 우리 집 가구들도 모두 선천적 야행성인데, 저녁별이 자리를 펴고 식구들이 깊은 잠에 빠지면 우두둑 관절 꺾는 소리를 내며 움직이기 시작해서 사경쯤 되면 더 요란해진다 책장이 골똘한 생각에서 빠져나온다 소파가 자세를 바꾼다 장롱이 요 위에서 뒹군다 냉장고가 춥다고 점프를 한다 맹수보다 덩치 큰 것들이라지만 보기와는 달리 육식성의 습관이란 없다 제 몸을 조금씩 갉아먹을 뿐, 야행으로 하루가 다르게 수척해져 급기야 장롱의 아귀가 맞지 않는다 소파가 푹 꺼졌다 냉장고가 해소기침을 한다 유약한 것들은 무엇 하나 잡아먹지 못하고 자신만을 파먹고 산다 껍데기만 남아 쓸모없어질 때까지, 우리 집 집기들은 밤새 귀 부릅뜨고 그것을 다 듣느라 뼈만 남은, 나를 닮은 데가 있다

먼 봄

사람과 사람 사이 멀다
서로에게 흘려보내줄 사소함마저 바닥나고
함께 있어도 스미지도 길들지도 못하고
외로울수록 문은 더 깊숙이 열리고

타클라마칸에서 온다고도 하고
계절 너머 이름 없는 곳에서 비롯된다고도 하는 황사는
사막에서 사막으로 거처를 옮기며
흔적을 새겼다 지웠다 다시 새기며 관계를 꿈꾸는데

우리 사는 곳 사막인 줄 어찌 알고
먼 길 달려와 고춧가루 풀듯 확, 보따리를 푼다
외면하려 감은 눈이 맵다
서걱서걱 씹힌다 혼자 먹는 반 공기의 밥알이
귀 기울이니 봄이 멀다

온다, 비 소식

음전한 땅이 암내를 풀풀 풍기면
눈물 맺힌 물독 쪽에서 개미떼가 거둥하면
운동장 축구 골대 낯빛이 새하얘지면
도심 한가운데서 웬 소 울음소리가 들리면
지나간 흉터가 몹시 가려워지면

나의 임시정부

냉이는 국무총리
봄동은 국방장관
돌나물은 미래창조과학장관
씀바귀는 농림장관
두릅은 환경장관
달래는 통일장관

올해는
탈세 뇌물 병역기피 전관예우 논문표절 없는
새봄 나라 백성이 되었습니다

흰나무

새치를 발견한 아이가 뽑겠다고 달려든다
놔둬라, 키우는데 오십 년 걸렸다

화

부르르 떨리는 말초를 떠나
시속 200Km의 직구로 머리끝까지 치밀어 오른다
주먹만 했던 건 순식간 태산이 되어 앞을 가로막아
돌아가거나 뛰어넘거나 돌파해야 앞이 보인다
센 놈은 치명적이다
죽을 각오라면 정면 돌파도 가능하다
꿀꺽 삼키지 못해
다 기어 나온 솔직함의 본능에 눌려
나는 없고 꽉 막힌 귀만 있다
심장은 끓는 가마솥이고 세상은 삐뚤어졌다
끓어 넘쳐 닿는 모서리마다 화상이다
가까울수록 중화상이다
놈이 온 길을 따라가 보니
온 곳도 없이 길이 끝났다
아직 불이 되지 못한 꽃
잃어버린 내가 씨앗 속에 앉아 있다

블랙홀, 그 후

까맣게 잊고 있었다, 책상 밑으로 떨어진 뭔가를 집으려다 스마트폰에 저장된 심리테스트를 해보겠다는 생각을, 다시 놓쳐버리고 마른 화분에 물을 주고 있다

떠오르지 않는 단어 때문에 뭐더라, 뭐더라, 그거 있잖아 하다 끊긴 이야기, 기껏 생각났지만 지금 다른 얘기 중이다

지워진 꼬리뼈의 흔적이 요사이 선명하게 살아나 검사라도 받아보자 했는데 자꾸만 잊어버려 여전히 아프다

점심 급식 메뉴가 생각나지 않는다 삼킨 것에 대한 기억의 되새김은 헛구역질뿐, 잘 올라오지 않는다

잊었을 뿐 잃은 건 아니라 최면을 거는 손이 허전하다 잃어버린 한 짝의 은젓가락을 찾듯 기억의 틈새를 휘휘 저어본다

다만, 돌아가버리면 영영 잃는 거라고 정의할 즈음 무덤에서 걸어 돌아오는 것이 있다 절뚝거리면서라도 돌아온다

세상 저편에선 잃어버린 봄 싹을 찾느라 얼마나 황망

할까

봄 싹이 한꺼번에 돌아온 세상은 어리둥절하다

요즘 무릎의 쓸모

무릎 꿇을 일도,
누굴 무릎에 앉힐 일도 없는 요즘
무릎을 제대로 쓰는 일 하나는
좋은 시를 만났을 때
아프도록 무릎을 치는 일

트라우마

오래전 톱날에 베었던 기억을 새긴 종이는
스윽, 기어코 어떤 손을 베고야 말았다

봄날은 간다

직원연수 가는 버스 안
십팔번도 닳고 닳아 새 노래랍시고
고른 게 한영애의 '봄날은 간다'
늘어질 대로 늘어진 곡을 따라 들어가 애 터지게 부르며
겨우겨우 끝났으려니 마이크를 넘기려는데 2절이
다시 이어진다 다시 2절에 질질 끌려가다
끝났으려니 마이크를 넘기는데 후렴이 이어진다
아아아 아아아 아아아 아아아아아아 처음 듣는 후렴 가락
봄날은 버스를 추월하고 출구를 알 수 없어
곡은 곡대로 나는 나대로 갈 길을 따로 가니
불안을 접고 급기야 배꼽 잡고 들썩이며 웃는 버스 안
못 부른다고 빼고 눈 감고 있는 박 선생, 최 선생 다 죽었어
이렇게도 불렀는데, 안 부르겠다고?

제2부

진평왕릉에서 여민동락

침대에서 내려와야 편안한 잠이 있듯
부귀와 영화에서 내려온 진평왕
시종도 군졸도 없이 궁궐 밖 바닥잠맛에 빠진지 오래
단잠 들여다보는 눈이 하도 평안하여
깨울 생각도 긴 세월 난시의 안부를 물을 생각도 않고
고구려 백제 신라 탐라 사람 다 모여
상한 날개를 서로 비다듬다가 그 잠 깔고
누워도 보고 앉아도 보고 뒹굴뒹굴
심심한 마음 섞은
하루가 천만세고 천만세가 하루여라

둥근 식탁보

어제 오후부터 거미가 분주하다
도안도 없이
허공에 그림 그리듯 한 코 한 코
거침없이 뜨개질을 하더니
부드럽고 질긴 비단 식탁보를 완성했다

푸르른 배경에서 더 정갈하게 빛나는
식탁보를 펼치니
바람이 입맛을 다시며 한번 흔들어본다
열린 마음으로 듬성듬성 빼먹은 코
조촐한 상을 차리기엔 부족함이 없다

모서리가 없으니 어디 앉아도 상석
밥 먹자!
숟가락 하나 더 놓고
멀리 사는 별들에게도 기별한다
둘러앉으면 손님도 식구다

김치만 있어도 족한 밥상에

기적처럼

잠자리가 파닥이거나 나비날개 팔랑거리면

차마 먹지 않고 바라만 봐도 배부른 성찬이다

나뭇잎 하나 사뿐 내려와 찬을 더한다

꽃밭

열어놓은 창으로 돌진해 들어온 꼬리박각시
용케도 꽃무늬 모양 압정에 자꾸만 주둥이를 꽂는다
이토록 오래 피어 있는
아닌 꽃이 잠시 꽃이 되어주는 순간이다
그토록 먼 길 걸어와
향기 없는 꽃을 속아주는 순간이다

고래와 나와의 거리

장생포에서도 꽤나 멀리 사는 고래와
동해 반대쪽 내륙에 사는 내가
만나려면 산맥을 몇 개는 넘어야 한다
가족이라는, 주말 모임 몇 개라는
성난 파도와 잠복해 있던 멀미라는
산맥 너머엔 다시 산맥
그 이름이 품고 있는 첩첩의 내막은
같은 듯 얼마나 다른가
에라 모르겠다, 눈 딱 감아야 넘을 수 있는 산맥
고래와 나와의 사이
노령, 소백, 태백 너머 안데스, 로키
보다 높은 산맥 있다
평범한 일상의 산봉우리 한두 개와는 비교도 할 수 없는
높이와 넓이 그것을 온몸으로 뚫고
두근두근 고래 보러 간다

불면의 집

저녁 식사 시간을 훨씬 넘긴 돌확 속 엔젤피시가 꼬리를 힘차게 흔들어댑니다 멍청하긴, 다가가면 무조건 주인인 줄 알지. 문지방을 넘지 않고도 찬 공기를 몰고 그가 지금 막 도착했나 봐요

후라이 하려고 놔뒀던 식탁 위 날달걀이 몸을 굴려 떨어져 박살나고 물병의 입술이 상처도 없이 보리차를 흘립니다

내 등에 독수리타법으로 자판을 두드려 말을 건네옵니다 ㅁㅗㄹㅏㄴㅇㅣㅈㅕㅆㅇㅡㄴㅣㅂㅗㅁㅇㅡㄴㄱㅏㅆㄷㅏ 생각지도 못했던 눈물이 떨어지자 없는 손이 등을 쓰다듬어줍니다 난 울먹이는 목소리로 ―이른 새벽 모란과의 이별을 떠올리는 건 너무 가슴 아파요― 라고 빠르게 답장을 보냅니다

시들었던 선인장은 다시 힘을 얻어 가시로 위협하고 텔

레비전이 냉장고 위로 이사를 가고 의자는 나를 태우고 정신없게 돌아가고 책 속의 글자들과 검은색 옷들이 뛰쳐나오고

망치처럼 무겁고 식칼처럼 날카로운 고함이 날아와 달팽이관을 부수고 깨진 그릇의 파편이 튀어 가장자리계에 꽂힙니다 해마가 피를 흘립니다

슬며시 방문 잠그고 말똥말똥한 잠을 잡니다 그가 어두운 곳으로 보낸 햇덩이를 찾아오기도 전 다 잊어버릴 것입니다 시계초침 소리만 남았습니다 짤깍짤깍짤깍짤깍

쓸쓸한 독백

저녁상에 갈치구이를 올렸다
고소한 살점을 쓰게 삼키며 숙연하다
방사능 오염수가 몇 년째 흘러들어와
버린 것 다시 버릴 곳 없어
슬하가 걱정되는 막막한 바다여
너른 품을 벗어나지 않던 그 많은 별자리를
얼마나 오랫동안 더 키울 수 있게 될지
죽은 자들의 도시에서 전송하는
검은 눈물의 이야기가 농담의 일부였으면
우리들 생애 마지막인 듯 서로의 밥술에
바다의 살점을 한 점 한 점 올려준다
천천히 소지하듯 몸 지워가는
갸륵한 목숨의 유전자를 우리들 몸에 새긴다
가늠키 어려운 어느 먼먼 날
인간의 과오 도려낼 은백 칼자루 닮은
어류 한 마리 절룩이며 유영해 와
화석으로 남은 향기로운 기억의 물살 흔들어 놓으면

지느러미 한 올 다치지 않게 조심조심
지구의 절벽에 방생하겠다

난타

두두두두두두 덕진蓮못에 소나기
촘촘한 리듬과 세찬 비트로 맷집 좋은
푸르짱짱한 연잎을 두드리기 시작한다
아픔을 참고 알뜰하게 소리를 모으는 연잎북
키 큰 북에서 넘친 소리는 키 작은 북으로
작은 북에서 넘친 소리는 고스란히
자라 물닭새끼 비단잉어 사는 수궁에 쏟아부어 둥둥둥

귀 틀어막아도 낮고 낮은 비명은
왜 모두 내게로 흘러와 촘촘 박혔는지

꽝, 끝장내버리듯 천둥번개가 힘껏 발 구른다
우산도 없이 등나무주렴에 갇혀 옴짝달싹 못하는
버리고만 싶었던 내 귓구멍도 어느새 만수위
지독한 한평생도 잠시 잠깐
서로가 서로를 아프게 두드리고 난 후
화해도 용서도 없이

물기어린 기억 털어낸 세상은 만귀잠잠타

산책

박주가리꽃 몇 송이 꺾어 들고 가는데
나비 한 마리 앉았다

꽃다발 무거워졌다

내 맘 휘어잡고 한참을 가다
나비 날아갔는데

꽃다발 여전히 무겁다

휘발하여 얼룩으로 남은 인연들
활활활활 앉아 있다

허용된 경계

롬복섬 셍기기 호텔과 앞바다 사이엔 있는 둥 마는 둥 한 담장이 있다
허리에도 닿지 못하는 말뚝을 듬성듬성 박아놓았을 뿐 들락날락이 가능하여
장사꾼이 호텔로 들어와 값싼 목걸이와 티셔츠를 팔고
손님들도 심심하면 바다로 나가 파도를 탄다
기능을 하는 것도 일부러 안 하는 것도 같은 담장을 보며
내 밀도 높은 관념 속 촘촘한 경계들의 이가 벌어진다
아무것도 막아서지 않는 느슨한 점선은
들어와도 돼 마음껏 나가도 돼 라고 말한다
흑과 백 직선과 곡선 위와 아래도 뒤섞으며 웃는다
네가 나의 땅에서 헤엄치고 내가 너의 바다에서 편히 걷는다
조깅하던 사람이 무거운 짐을 이고 간다
장사꾼이 바통을 이어받아 달린다

시간은 어디까지 나를 데려갈까

마음에 금이 갔다는 걸 쉽게 상처라 부르지

시간은 능숙한 몸놀림으로 통점을 주무르고
독을 빨아낸다
어제와는 조금 다른 공기를 한 대접씩 먹이고
발효시킨 울음을 비타민처럼 삼키게 한다
슬금슬금 잔금이 잔금을 불러오면
생각지도 못한 허물로 상처는 덧나는데
훈련된 병사 같은 시간은 물러서지 않고 염증과 맞서 싸우고
쓰디 쓴 향기를 보약처럼 달여 건넨다

태풍이 지나간 후
흙탕물이 떠내려간 후

벼랑에서도 손을 놓지 않았던
시간은 어디까지 나를 데려갈까

발목은 아직 아찔한 촉감을 기억하는데
금간 자리마다 무르고도 단단한 성질의 것이 차올라
이제 금을 金이라 짧게 읽는다

이유 공작소

가장 가까운 별과의 불화로 알레르기꽃이 심장에 활짝 폈으니
어깨를 누르는 당신 짐의 무게가 내 손끝까지 저릿저릿 내려왔으니
태풍에 지붕이 날아가 너의 바닥이 다 드러났으니
저녁상에 비늘을 다듬은 날 통째로 올렸으니

사과가 바삭거려서 팬지꽃이 느끼해서 리모컨이 아이를 낳아서
빵이 귀여워서 이불이 못생겨서 물건 값이 네모나서 손잡이가 살아있어서

불투명옆구리공소시효노동조합위선구역질소심능글능글손아귀상상용서의심열쇠, 때문에

삼년 전부터 꽃은 피지 않았어

무화과라 불리는 花과

잎사귀 겨드랑이께 방 한 칸 마련하여
없는 듯 숨어들었어라
쪽문으론 벌 같은 당신을 맞아
좀 다른 곳에다 정신을 쏟는데
꽃과 열매와 꽃받침의 행간쯤이야
만화방창, 꽃가루받이가 한창
벌이 된 당신 죽는대도 나 몰라라
허방인들 무서우리
어떻게 할래, 속수무책의 달뜬 날들아
지치지도 않고 흐릿하지도 않게
헛소문처럼 부끄럽게 익어가는
무화과라 불리는 花과

터널

염천은 오래된 사람들을 하나씩 삶아 삼켰고
며칠 째 벌건 얼굴로 얕은 잠을 벌떡벌떡 깨웠어요
요즘 그나마 되는 건 게으름과 막연함
느릿느릿 인사하고 느릿느릿 살림하고 느릿느릿 대답하죠
살이 휘어진 양산을 쓰자 불꽃은 방향을 바꿔 발밑에서 활활 일어나고
불 탄 말과 말 사이에도 침묵만 재처럼 남아 웅크리고 있어요
독하게 약오른 시간의 틈이 유난히도 벌어져 지루한 날들이었어요
소나기를 기다리며 세어도 세어도 뜨거운 팔월 제자리였어요

좋은 것이 싫어지고 싫은 것이 좋아지는 요란한 입덧이 찾아왔어요
첫째가 폭염이라면 둘째는 홍수

꿈을 꾸었나? 오아시스.

낮잠을 다독여놓고 천변에 나가보니 큰물 왔다 갔더군요

내 키를 훨씬 넘던 갈대가 물바닥에 낮게 엎디어 있었어요

힘듦을 견디는 자세는 비슷해요

사나운 것들이 다녀간 흔적 바라보는 눈은 왜 이렇게 숨찬지

서로 다른 바람은 부정교합처럼 어색하게 맞물려

무겁게 무겁게 지나가는 터널 같은 여름이었어요

터널은 다 어둡고 길고 불안해요

그 틈에도 아이들의 시간은 급하게 흘러가고

바짓단 밖으로 키가 쑥쑥 자라요

허물 그리고

보석함에 담긴 선퇴를 선물 받았다
장좌불와의 깊은 심지와 세상 고요를
뿌리째 뽑아버릴 악착같은 울음을 들여다본다
맨발은 날개가 두고 간 것
품고 있는 주름은 극과 극 거친 생의 압축 무늬

장례식장에 모신 어머니의 마른 발바닥은
방금 사막에 들어선 순례자의 서늘한 기운이 만져졌다
쭈글쭈글한 몸감옥을 탈출한 날개는
홀가분하게 툰드라의 여름을 지나고 있을까
참았던 울음을 어디에다 쏟고 있는지
꿈도 없다 다만, 깜깜무소식은 희소식

내 몸속 어딘가에 아직 파닥거리는 것 있었는지
바깥으로 들어갈 입구 하나 마련하느라
끓어올랐다 식었다를 거듭하며 나를 정련시킨다
그래서 지금 아픈가보다

아이가 오랜만에 집에 온다
아, 나라는 껍닥이 맨발로 뛰어가 반기는 순간

툰드라에선 아이가 태어나면 조상이라 믿는다지

땅속 암반의 캄캄함만이 빚어낸 금강석
썩지도 않고 저리 가벼워진 몸 다 지나간 몸
그 몸이 나를 들여다보고 있다
통증을 환하게 돌보고 있다

다시 온 여름, 있는 것과 있다 간 것 사이
모든 간극을 울음꽃으로 메우려는지
암흑 속에서도 밖에서도 쉽게 만져지는 짱짱한 소리들

어른의 전화

팔순의 송재옥 시인님
청년의 목소리로
여기도 꽃 펴서 좋응게 놀러 오라고 전화하셨다
허허 웃는 말씀을 조심조심 마당에 심었다
높이 자랄 그 말씀에 물 주는데
왜 코가 찡한가

본색 생각

동백꽃물 곱던 손수건이 볕에 바래니
그제야 수건답다
빛바랜 세월의 얼굴이
오히려 사람 냄새 짙다

닳고 닳아야 선명해지는 본디 빛깔

얼룩덜룩한 나는
한참을 더 바래야 할 파랑과 너울 사이

제3부

반환점

인생 반환점,

마라토너들은 여기서부터 속력을 낸다지?

가을 저녁의 전화

뗄렐렐렐레 띨릴릴릴리
천변에 내려서자 한꺼번에 울리는 전화벨 소리
발신지는 풀숲
뒤얽힌 혼선, 대체 어느 전화기를 들어야 하나
앞뒤 분간 못하던 풋 시절은 멀리 갔으나
기다리던 목소리, 어디 있을까 귀를 동그랗게 뜬다
다가가자 동시에 조용해진다
다가가면 멀어지고 멀어지면 다가오던
애타게 울리다 받기 직전 끊어져 더 애가 타던 때 있었다
질문에 답이 없어 서로를 잇지 못하고
어긋나던 인연도 다 흘러가고 가을이 왔다
불통으로 멀어진 날들의 안부는 여전히 같이 흘러왔다
가을 가기 전 기필코 통화를 성사시키고야 말겠다고
불통의 날들로부터 멀어지려는 바쁜 내 어깨를 잡아당기며
끝까지 쫓아온다
여보세요, 여보세요

그 말

모자란다는 말
사실 채울 곳 남아 넉넉하다는 뜻이지요

낙낙한 여분 속에 염치없이 나를 들이밀고 싶을 때가 있지요

위대한 이동

한 세기를 넘어가는 일은
없는 날개를 파닥거리며
설렘과 눈물과 상처 범벅을 통과하는 일
없는 꼬리지느러미를 좌우로 흔들며
목을 걸고 생존을 지키는 일
무리들이 야생의 초원을 무사히 건너도록
기꺼이 먹이가 되는 짐승처럼
삶과 죽음이 어깨를 겯고
야생의 거친 바다를 함께 환하게 건너자고
촛불 켠 톰슨가젤, 얼룩말, 임팔라 무리들
한 송이 촛불이 모여 꽃밭이 되고 언덕이 되었다
안구를 잃거나 분신번제의 대가로
나도 모르게 우리도 모르게 서로에게 떠밀려
또 하나의 고원을 넘어왔다
미안하게도 또 하나의 고원을 넘어간다
이곳 세렝게티에서 그곳 마사이마라까지
가는데 얼마나 걸리겠나

아닌데

비만 오면 응민이는 교실 물청소를 하는데
"한강을 만들었구나"
"아닌데, 청소만 했는데"

응민이가 재활원을 탈출하여 먼 길 거슬러 집까지 갔다는데
"집까지 뛰어갔냐?"
"아닌데, 걸어갔는데"

굴광성

출근길에 공공근로 가는 아주머니들 대여섯 급히 지나치는데
얼굴만 빼고 온몸 감싼 채 줄지어 간다
하필, 가는 쪽이 눈부신 해가 떠오르는 방향이니
빼꼼, 얼굴이 빛을 향해 열려있다
쥐구멍에 볕 들었다
아주머니들 자글자글한 얼굴에
기미꽃 몇 송이 얼룩덜룩 보태지겠다
빤한 살림의 내막
닫아야 할 문 미처 닫을 새도 없이
물러설 수도 없는 절박함으로
피하겠다는 게 그만,
본의 아니게 정면 도전일 때 있듯
이왕 들켜버린 굴광성, 그늘 없는 쪽으로 계속 뻗어 간다
멈춰 쉬어본 적 없는 탄력으로
까짓 거, 이젠 무서움도 없다
해 쪽으로, 어두웠던 몸들이 환하게 돈 벌러 간다

사과는 빨갛지 않다

사과의빨강빛 개나리의노란빛 소나무의초록빛 바다의
쪽빛
저 고운 빛깔들이 제가 거부한 빛깔이라니
안지 못하고 밀어낸 빛깔이 제 모습이란다
싫은 색으로 평생을 사는 거다
평생도 모자라 가계를 잇는다
역설과 모순의 빛깔 위에 햇살이 내려와 눈부시다
나를 보라로 읽고 가까워진 사람
주홍이라 믿고 내가 다가간 그 사람
오목거울처럼 거꾸로의 모습을 서로 본 거다
허상도 고루 빛을 받는다
헛것에서도 싹이 돋고 꽃이 핀다
사과의 맘속엔 주황노랑초록파랑남색보라가 들어 있
겠다
내 속엔 그가 미처 읽지 못한 모든 색깔이 들어 있다
보이지 않는 것들이 안간힘으로
보이는 것들을 껴안고 있다

습성을 버리다

컴컴한 방에서 밥을 먹고
냉골에서 일한다
필요한 것만 산다
필요한 말만 한다
집착하지 않는다
더 바라지 않는다
습성을 버리니
그
끝에
말줄임표로
요약된
엄마가
동공처럼
검은
엄마가
내
쪽을

보
고
있
다

푸른 제물

하루 세 번 식사한다는 배추벌레 잡으러 새벽같이
나무젓가락 들고 텃밭에 간다

땅 위에 터를 잡고 배춧잎을 건축한 벌레의
남은 일은 오로지 갉아먹고 싸고 갉아먹고 싸고

초록색 똥의 무늬는 시간의 무한연속선 위에서 다양하다

그 동안 젓가락으로 집어 들었던 제물들 중
먹을 수 있는 것과 먹을 수 없는 것의 거리가 꽤 먼 듯

일부러 그런 것처럼 배가 고플 때 텃밭에 나는 있다

다 차린 상을 엎던 알콜중독자가 내 가계에선
떠오르지 않아 당황스러운데

누대의 학습을 버리고 통통하게 살 오른

푸른 배추벌레를 들어 입으로 가져간다

쭈그려 앉아, 늦기 전에 겹겹의 구멍난 자물쇠를 다 열어야한다

가을에 온 봄

음력 시월, 소춘小春이라 했다
못다 핀 봄꽃 그 틈에 막 피어나더라
까슬까슬 야위던 강아지풀도 멍멍 짖더라

추석

콩나물국밥집에서 아침을 기다리는 사람들
이국의 검은 얼굴 몇과 고향 없는 사람 몇
어깨 축 처진 중년 하나 띄엄띄엄
둘러앉아 뜨거운 밥을 기다린다
형제도 동서지간도 올케 시누이도 아닌
맨발 같은 썰렁한 얼굴들
이 아침만 꾹 참고 견디면 된다는 듯
아무 말이 없다
국밥 한 그릇 휑한 속으로 욱여넣고
다시 군중 속에서 비슷비슷한 얼굴로
휩쓸려 사는 곳이 고향이 되어
그닥 외롭지 않게 살아가면 된다
한숨도 품고 있다 보면 가라앉는다
모르는 사람들끼리 한 밥상에 둘러앉아
식구가 된 낯선 명절 아침

유명한

나름 유명한 문인의 강연에 갔다
무엇을 생각하며 글을 쓸까 궁금했다
그의 생각을 읽고 내 생각을 보태기도 전에
그는 넘치는 자신감을 발설하였다
청중의 호기심에 구멍을 낼 듯 뚫어져라 시선을 꽂으며
주먹으로 칠판을, 단단한 신발로 바닥을 탕탕 치며
교과서에 실린 작품을 맘껏 자랑하며
세파에 찌들지 않았다는 자신을 대단하게 펼쳐 보이며
나이에 비해 노련한 말투와 몸짓은 운 좋게도
밥벌이가 없어 밥 먹듯 강의를 싹쓸이 했던 티가 났다
겸손을 연기하기엔 이 프로 부족했다
강의를 마치고 주최 측에서 준비한
자신의 책에 사인을 해주며 꽤 흡족해 했다
멋쩍게 줄을 서서 기다리다 은총처럼 받은 사인
건성건성 쓴 이름 속엔 유명함이 진하게 물들어 있었다

편애

신풍동사무소 지나다
봤다
소각장 옆 오동나무 아니,
오동나무 옆 소각장

내 마음은
한쪽으로만 기울어
되새김하는
기억의 귀퉁이가
불편하다

출사出寫

어둠 환한 늦가을 저녁을 산책한다

찰칵
사늘한 바람의 인상을
찰칵
주머니에 손 넣고 달리는 자동차를
찰칵
서로의 옷깃을 여며주는 억새를
찰칵
엎드린 세넷가 섶다리를
찰칵찰칵찰칵
초점을 맞추는 사이, 첨벙
날아올랐다 추락하는 물고기의 날개, 버르르
떨며 적나라한 피사체로 서 있는 뒤쪽 풍경
찰칵
남아 있지 않아도 좋을 내 생애의 파동을 추위를 그 기억을

찰칵

찰칵

찰칵

묵묵

처마 끝에 있어야 할 풍경 하나 거실에 걸었습니다 바람이 흔들어줘야 어찌 되는데 그것참 마음 동할 일 없습니다 문틈으로 들어온 바람이 기껏 애무만 하다 가니 부딪혀야 소리가 나지요 헌데 가만 보니 눈과 귀를 자른 맨입 속으로 들리지 않는 소리와 보이지 않는 온갖 소리들까지 줄지어 걸어 들어가 우물 하나 깊어지는 겁니다 소리를 뱉는 우물이 아니라 소리를 받아먹는 우물, 다 알고 있으면서 한 말씀도 없이 봉인된 우물 한 동이 이고 가는 물고기 한 마리, 속 깊은 것 쪽으로 마음 뉘는 차분한 저녁, 속 얕은 내 길라잡이 되어 물 한 방울 튀기지 않게 한 세상 건너갑니다

대입代入이 필요할 때

"괜찮아 너는 아직 (서른 둘)일 뿐이야. 그리고 그건 (서른 셋)보다는 적지."*

* 레이먼드 카버

제4부

적도

아, 저건 적도의 나라 저녁놀.
서쪽 창문을 닫다가 놀라 마당으로 뛰쳐나갔다
복숭아밭으로 넘어가는, 일몰
찬바람에 몸서리치며
제 몸의 남은 에너지를 기꺼이 태우고 있었다
사진을 찍어대자 이웃들이 오랜만이라며 다가온다
롬복의 원주민들처럼 친절한 눈으로
코모도는 꿈속까지 와서 여전히 명상의 자세로 엎드려
있고
모스크에서 울려 퍼지던 기도가 내 입속에도 가득하다
적도가 이젠 멀리 있지 않다
그곳에 다녀온 후 적도는 일상의 축을 맴돌고 있다

평면도를 그리다

낡은 집을 허물고 다시 지을 궁리를 합니다
방위는 당신들을 향합니다
내 몫의 그늘을 사방에 펼치고
고백하듯 무릎 꿇고 닦을 마루를 놓습니다
밤새워 엎드려 읽기에 좋을 눈이 초롱한 다락과
토해낸 쓸쓸까지 받아먹을 빈방도 필요합니다
이쯤에선 나와 짐과 집이 한몸이란 걸 증명하듯
구석구석 붙박이장을 짜 넣겠습니다
바람이 첨벙첨벙 걸어 들어와 눅눅한 빨래와
제 발목을 말리게 수문 같은 담장은 걷어치우고
떨리는 손과 그리움 짙은 속눈썹을 꽂을 수 있게
대지 끝엔 다년생 우체통을 심겠습니다
마당엔 지친 말을 맬 버들 한 그루 세워둡니다
촘촘한 것들이 헐거워지는 때가 오면
짤랑짤랑 말 발자국 떠나는 소리를
빈집은 배웅하게 될 겁니다

어떤 문장을 보다

— 지화指話

피아노 건반 두드리듯 손등에 쏟아내는
음악처럼 감미롭게 머금는 말
하는 말과 듣는 말이 극진하게 마주잡고
귀 기울이는 고요가 한줌
푸른 악보의 결을 매만지고 조율하는 모습은
연인이 오래오래 두 손 잡고 소곤거리는 것 같아
눈과 귀를 다 비우지 않고는 알아듣지 못하는 소리
내 몸을 두드리는 바람의 말이 오늘은 들리는 것 같아
베토벤 피아노 소나타 NO.3에 밑줄 그어 쥐어주는
투명한 문장을 자세히 들여다보며 끄덕이는 중

적敵

한 사람 나가자 한 사람 들어온다
한 사람 목소리 들리면 한 사람 방문 열지 않고
목소리가 사라지기를 기다린다
식탁에 같이 앉는 일 없이 후루룩 먹는 소리 사라지면
다시 쩝쩝 먹는 소리 시작된다
공기처럼 투명하니 서로 볼 수 없다
한 채씩 마련한 이불을 접었다 펴면 저무는 하루
시간이 지날수록 만질 수 없는 경계가 높다
각자의 우물이 깊어진다
경계와 우물이 어떻게 자라는지 바라보며
아이는 어른이 되었다
마음의 날을 섬뜩하게 키울 뿐
둘은 서로의 견고한 영역을 침범하지 않는다
자신의 날에 자신이 베어 아프다
둘을 합해야 하나의 지도가 완성되는데
허리 잘린 지 오래
무엇이 두려운지, 아직

두 사람은 한 곳에 적籍을 두고 있다

바위그림 한 장

6000년 전 울산 태화강 상류엔
혹등고래 북방긴수염고래 향고래 범고래 들쇠고래 귀신고래와
개 늑대 호랑이 멧돼지 토끼 거북 사슴 사람이 살았단다
강물 마른 어느 날 선사는
긴 잠의 솔기를 뜯고 걸어 나와 말을 걸었지
어떻게들 지내고 있느냐고
그때도 사랑하고 새끼를 배고 사냥하고 먹을 것을 나누고
그렇게 살았었다고 다시 6000년 후에도
피와 땀과 눈물 얼룩진 목숨들 여전하지 않겠느냐고

지는 꽃도 다시 온다고 믿으며
오늘도 내 안에 너의 눈동자를 촘촘 새긴다
네 속으로 나의 마음을 조심조심 밀어 넣는다
우리는 어느 천 년 후에나 다다를 암각화를 쪼고 있는가

꼬리

평사리문학관 백구 사리가
날 언제 봤다고
꼬리를 살랑살랑 좌우로 흔듭니다
밥 주는 성자 씨 다가오자
꼬리를 삼백육십 도로 흔듭니다
숨길 것도 포장할 것도 없이 보여주는
꼬리가 내겐 없습니다

빙하기

길이 얼었다 나무도 얼었다
공기도 얼었다 고기 야채 값도 얼었다
파업한 지 두 달째인 버스
기다리는 사람들이 얼었다
진도앞바다에 묻은 울음소리
다급한 입술도 얼어붙었다
얼음이 만든 울창한 그늘의 도시는
순도 70%의 물이 얼어붙기 좋은 곳
집 없는 사내가 고드름처럼
부동산월드 앞에 오래 매달려 있다
언 힘으로 해빙을 기다리는 것들이
여럿 중의 완전한 하나가 되어
물구나무의 직립을 견딘다
먹어도 먹어도 허기진 표적이 먹잇감을 노려보고 있지만
몸을 던져 기어이 아가리를 맞출 것도 같지만
어금니 꽉 물고 있는 고드름
뛰어내리지도 못하는 연약한 무명들은

표정조차 참혹하도록 투명한데
세상을 바꿀 새봄이 떠오르질 않아
따뜻함을 기억하지 못하는 날들이 쿨룩쿨룩 에취에취

발뒤꿈치가 안쓰럽다

저쪽에서 발 하나가 뻗어와
잠 깬 새벽
먼 길 걸어온 발,
뒤꿈치를 만져본다
길 아닌 길도 길을 열어
저물도록 옆에 놓일 발자국
오래오래 쓰다듬는데
누군가
내 발을 어루만지고 있다

만선

명절 끝, 비릿한 쓰레기장
인사와 뇌물의 직설을 포장했던
덩치 큰 상자가 버려져 산이 되었다
품던 새끼를 날려 보낸 빈 둥지처럼
내 것이란 본래 아무것도 없다고 몸소 보여주고 있다
포기할 수 없는 맨몸뚱이를 막걸리 한 사발로
소생시키는 게 일상인 새까맣게 야윈 어부들이
가난한 밥이 될 가벼움만 남은 스티로폼을 꿴다
스무 마리씩 추린 한 두릅의 굴비가 하얗게 빛난다
선물이 되지 못한 껍데기가 빛나는 곳은
어깨를 맞대고 젖은 몸을 발효시키는 냄새나는 구석
엮어도 엮어도 또 엮이는 한나절의 시간을 엮는다
버려진 가벼움도 쌓이니 저리 무겁다
버려지고서야 주인공이 된 재활용 쓰레기를
흰상자뜰채 가득가득 시들지 않는 비린내를
줄줄이 모시고 출발하는 만선의 트럭

내가 낳은 동그라미

요즘 내가 키우는 건 입김만 불어도 한없이 굴러가는 동그라미
바람이 굴린다고도 하고 고요가 굴린다고도 하고
아무도 굴리지 않아 심심해지면 뒹굴뒹굴 자전한다
그러다간 웅덩이에 빠질라 낭떠러지를 만날라
멈출 수 없는 뒷모습에 조마조마 좌불안석

저쪽에서 굴려서 내 쪽으로 올 때도 있긴 하다
동그라미 쪽에서 보면 날 캄캄절벽으로도 읽겠지
세모거나 네모가 된 나는 저것이 멈추기만을 기다리지만
나를 지나치며 가속 붙은 얼굴은 환하게 웃는다
저 환한 웃음의 발원지는 갈릴레이의 둥근 지구

사실 나도 오래 전 동그라미로 태어났다
만유인력의 사과처럼 시시덕거리며 구르고 굴러먹다
여기까지 왔고 또 동그라미를 둥근 지구에 낳기까지 했다

결론을 말하자면, 동그라미를 키우고 있는 건 내가 아니라

바람고요벽심심웅덩이엉성낭떠러지가속

중년

두 주먹 불끈 쥐고 중년의 여성들이 새까만 밤을 걷는다
가슴 위로 솟구치는 주먹이 바쁘다
여기까지 오는 데도, 남은 길 가는 데도
움켜쥔 주먹은 필요하리라
이 악물고 두 개의 단단하게 뭉친 주먹으로
가정을 일구고부터 한 번도 늦춘 적 없는 삶의 속도
쌩쌩 지나간다 얼굴 분간도 못할 빠르기로
잠시 느슨해진 걸음을 스쳐가는 바쁜 걸음을
다시 쫓는 걸음엔 조급함이 묻어 있다 가속이 붙었다
팔을 휘저어 벼락같이 앞으로 나아간다
곧 닿을 것만 같은 목적지는 지구 반대편에 있고
숨은 반달은 항상 우리 곁을 배회한다
뒷짐 지고 걷는 걸음을 추월하고 또 추월하는 팔팔한 사람들
모든 것은 속도의 힘으로부터 왔다
목적지도 잊고 온 길 돌아볼 여유도 없이
빨강도 파랑도 노랑도 휙휙 지나가 버리고 속도만 남

앉다

그래 남는 게 있어야지

인생 남는 장사다

바깥에서 온 편지

교도소에서 새봄맞이 도배하다 뜯어낸 벽지 속 당신의 시 한 편이 위로가 되었다며 긴 편지가 왔다

먼저 내딛지 못하는 닫힌 마음 깜짝, 환하게 길 터준 그가 내민 마음에 달랑 답장 한 장 보냈다

바깥 벗어나지 못하면 바깥이 감옥, 을 곱씹을 새도 없이 다시 며칠 후 여든아홉 장의 답장이 왔다

물집

좋아한다아니다좋아한다아니다
네가 나를 들락거리는 동안
허물었다지었다허물었다지었다
내가 너를 들락거리는 동안
마음속 집 한 채 부풀어 말랑말랑 화끈화끈
새 신발 신던 발뒤꿈치나 화상 입은 살보다
더 얇아지고 얇아져, 언젠가는
저절로 허물어질, 위험한 집

눈 깜짝할 사이

눈 깜짝할 사이
새 문명이 건설되었습니다
세상은 저만치 가고 있고
단어도 음식도 관계도 쉬지 않고 진화합니다
눈 깜빡이느라 내가 몹시 분주할 때
당신들은 곧 사라질 현재를 바지런히 깁고 있었죠
당신들이 기웠던 건 내가 깜짝 놀라고 있을 미래
숨 헐떡이며 뛰어와 본 기억도 없이
눈 깜짝할 사이
어느 것 하나 내 손을 벗어나지 않은 건 없습니다
읽은 페이지도 어제의 의미를 벗어놓고 달아났습니다
눈 깜빡이느라 나이를 갉아먹고 체감 속도는 나만 저속입니다
후방에서 흐름을 타라고 빵빵거립니다
눈꺼풀을 밀어 올리느라 접힌 생각을 펴느라 껌벅껌벅껌벅
눈 깜짝할 사이

옷 벗어놓고 가는 계절의 뒷모습이 보입니다

울음의 본적

시도 못 쓰고
바라만 보는 보석상자 속 매미 허물

무덤 같은 땅속에서 5, 6년
책상 위 관 속에서 5, 6년
울지도 못하고

해설

경계를 넘는다는 것

— 나혜경, 『미스김라일락』

고봉준(문학평론가)

나혜경 시는 지독하게 성찰적이다. 그녀의 시는 시인 자신의 일상은 물론 '개인' 이라는 이름의 단자(單子)적 삶을 표준인 것으로 간주하는 근대적 삶의 방식 자체를 성찰의 대상으로 삼고 있다. 권력이나 질서란 실상 그것을 자연스러운 것으로 받아들이는 '일상' 이 존재하지 않으면 기능할 수 없는 것이니, 이때의 '일상' 이란 삶의 일부이면서 권력이나 질서가 관철되는 장소이기도 하다. '성찰' 은 자신의 삶을 대상화할 수 있는 또 하나의 시선을 요구한다.

자연적 존재로서의 인간적 삶이 펼쳐지는 장이 '일상' 이라고 말할 때, 그것을 성찰한다는 것은 일상 — 삶 자체를 자연스러운 것, 당연한 것으로 간주하지 않는 반성적인 시선이 개입한다는 의미이다. 이 경우 '일상' 이란 그 자체로 긍정되어야 할 것이 아니라 매순간 성찰되어야 할 대상이며, 나혜경 시인에게 시, 즉 글쓰기의 존재 이유와 의미 역시 이 성찰의 힘에서 비롯된다.

사실 '일상' 을 시적 세계로 설정하는 시들은 차고 넘친다. 그것들의 대부분은 '삶' 의 구체성을 긍정한다는 명목하에 습관과 상식에 지배되는 일상 자체를 무비판적으로 수락하는 경향을 보인다. 이때 시는 일상적 삶에 대한 개인적 기록 이상의 의미를 갖지 않는다. 설령 거기에 '성찰' 적 시선이 개입된다 해도 그 시들의 상당수는 성찰의 범위를 '나' 에 한정하는 데 만족한다. 수많은 서정적 성찰이 '나' 의 삶, '나' 의 세계에서 출발해 결국 다시 출발점으로 되돌아오는 자기순환적인 궤도를 벗어나지 못하는 것은, 시가, 시적 '성찰' 이 그만큼 '나' 의 경계를 넘어서기 어렵다는 뜻이기도 하다. 반면 나혜경의 시는 '나' 에서 출발해 '우리' 의 삶, '우리' 의 세계로 확장되는 원심력이 특징적이다. 오해와 달리 '우리' 의 삶과 세계를 비판하고 성찰한다는 것은 그것들을 '나' 와 분리된 객관적 대상으로 간주하는 것도, 당위적인 차원에서 사회적인 문제에 관심을 갖는 것도 아니다. 그것은 '나'와 그것들의 관계를 반성적으로 사유한다는 것이다. 나혜경의 시적 성찰이 '일상'을 중심으로 보여주는 것이 바로 이것이다.

> 롬복섬 셍기기 호텔과 앞바다 사이엔 있는 둥 마는 둥한 담장이 있다
> 허리에도 닿지 못하는 말뚝을 듬성듬성 박아놓았을 뿐 들락날락이 가능하여
> 장사꾼이 호텔로 들어와 값싼 목걸이와 티셔츠를 팔고
> 손님들도 심심하면 바다로 나가 파도를 탄다
> 기능을 하는 것도 일부러 안 하는 것도 같은 담장을 보며
> 내 밀도 높은 관념 속 촘촘한 경계들의 이가 벌어진다
> 아무것도 막아서지 않는 느슨한 점선은
> 들어와도 돼 마음껏 나가도 돼 라고 말한다
> 흑과 백 직선과 곡선 위와 아래도 뒤섞으며 웃는다
> 네가 나의 땅에서 헤엄치고 내가 너의 바다에서 편히 걷는다
> 조깅하던 사람이 무거운 짐을 이고 간다
> 장사꾼이 바통을 이어받아 달린다
>
> —「허용된 경계」 전문

하나의 세계가 자족적으로 존재하기 위해서는 포함과

배제가 동시에 작동해야 한다. 세계가 되는 것, 즉 세계의 세계화 — 그것이 개인의 일상이든 작은 집단이든, 혹은 민족이나 국가처럼 커다란 공동체이든 과정은 다른 것을 배제하고, 이질적인 것을 부재 상태로 처리하는 뺄셈 과정과 다르지 않다. 드물게 이러한 배제적 차별을 강조하지 않는 공동체도 존재하지만, 그것은 어디까지나 예외적인 현상일 뿐, 하나의 세계는 이질적인 것을 경계선 바깥으로 밀어냄으로써 자족적인 질서를 구축한다. 근대란 이러한 배제/차별이 다소 극단적인 절멸의 방식으로 자행된 폭력의 세기였다. 근대인들은 이러한 세계의 최소 단위, 즉 가장 작은 규모의 세계에 '개인' 이라는 이름을 부여하고 그것을 신봉했다. 나혜경 시의 화자들은 끊임없이 이러한 분리 상태를 돌파하려고 시도한다. 추측컨대 인용시의 화자는 지금 해외여행 중인 듯하다. 그곳에서 화자의 시선을 사로잡은 것은 바로 호텔과 바다를 가르는 경계, '경계' 기능을 전혀 못하는 것처럼 보이는 '낮은 담장' 이다. '경계' 의 기능을 못한다는 것은 이곳과 저곳, 여기와 거기, 안과 밖을 선명하게 분할하지 못한다는 것이다. 그것은 분할의 역할을 못하는 데 멈추지 않고 "장사꾼이 호텔로 들어와 값싼 목걸이와 티셔츠를 팔고/ 손님들도 심심하면 바다로 나가 파도를 탄다" 처럼 안과 밖이 구별 없이 자유롭게 넘나들고 뒤섞인다는 의미이기도 하다. 화자는 이 느슨한 경계를 목격한 후에 자신의 관념 속에 존재하던 “촘촘한 경계들의 이가 벌어”지는 느낌을 받는다. 그것은 “들어와도 돼 마음껏 나가도 돼”처럼 이곳과 저곳의 구별이 사라진 상태, “흑과 백 직선과 곡선 위와 아래 ” 같은 전형적인 구별이 뒤섞인 헤테로토피아(Heterotopias)에 가깝다. 마지막 세 행에 등장하는 낯선 장면들, 즉 “네가 나의 땅에서 헤엄치고 내가 너의 바다에서 편히 걷는다”, “조깅하던 사람이 무거운 짐을 이고 간다”, “장사꾼이 바통을 이어받아 달린다”라는 진술들은 상식적인 구분과 질서가 해체되고 뒤섞인 상태에 대한 형상화라는 점에서 동일하다.

> 한 사람 나가자 한 사람 들어온다
> 한 사람 목소리 들리면 한 사람 방문 열지 않고
> 목소리가 사라지기를 기다린다
> 식탁에 같이 앉는 일 없이 후루룩 먹는 소리 사라지면
> 다시 쩝쩝 먹는 소리 시작된다
> 공기처럼 투명하니 서로 볼 수 없다
> 한 채씩 마련한 이불을 접었다 펴면 저무는 하루
> 시간이 지날수록 만질 수 없는 경계가 높다
> 각자의 우물이 깊어진다
> 경계와 우물이 어떻게 자라는지 바라보며
> 아이는 어른이 되었다

마음의 날을 섬뜩하게 키울 뿐
둘은 서로의 견고한 영역을 침범하지 않는다

—「적敵」 부분

'적(敵)' 은 하나의 세계가 완고한 경계를 고집할 때 출현하는 형상이다. 엄격한 경계의 세계에서는 '나' 아닌 모든 것들은 현실적으로든 잠재적으로든 적(敵)으로 간주된다. 예컨대 인간과 자연이 각자의 경계를 고수할 때, 나아가 문명과 자연, 사람과 사람, 국가와 국가가 동일하게 경계를 강조할 때, 그것들은 모두 상대를 적(敵)으로 간주하는 공통점을 갖는다. 그러므로 인용시에 등장하는 적(敵)은 「허용된 경계」에서 드러난 해테로토피아 상태와 대칭적인 상태에 부여된 이름으로 읽어도 좋을 듯하다. 시인에 따르면 이 적(敵)의 세계는 '경계' 와 '우물' 로 구성된다. 「적敵」에는 대립적인 관계에 놓인 인물들이 등장한다. 여기에서 중요한 것은 인물의 수가 아니라 '경계' 와 '우물' 로 상징되는 관계의 단절이다.

이 시에서 인물들은 동일한 공간에 거주하고 있으면서도 만남 자체를 의식적으로 회피하고 있다. 서로에게 무관심한, 혹은 사이가 좋지 않은, 그렇지만 어느새 표준이 되어버린 한국 사회의 가족 풍경이 바로 이렇다. 우리는 이 이야기가 가족에 관한 것임을 모르지 않지만, 이 시를 반

드시 가족 이야기로 환원해야 할 이유는 없다. '경계' 와 '우물' 을 강조하는 한 모든 관계가 이 관계와 무관하지 않기 때문이다. 흥미로운 것은 시간이 지날수록 무관심의 양이 증가하고, 아니 때로는 서로에 대한 적대감이 싹트기도 하지만 어느 누구도 '집' 또는 '가족' 이라는 공동체를 벗어나거나 해체하기를 원하지는 않는다는 점이다. 그런 점에서 이러한 관계는 관계 아닌 관계, 즉 '비(非)관계' 라고 말할 수 있다. 그렇다면 '경계' 와 '우물' 이란 결국 자족적인 세계, 그리하여 '나' 아닌 존재가 허락 없이 침범할 수 없는 고유한 세계의 형상이라고 말할 수도 있지 않을까. 시집의 도처에서 시인은 반복적으로 이러한 분리의 형상을 극복하거나 횡단하려는 통합과 소통에의 욕망을 드러내고 있다. 예컨대 추석날 아침 낯선 사람들끼리 한 밥상에 둘러앉아 식사를 하는 음울한 장면을 '식구' 라는 이름으로 전유한 「추석」("모르는 사람들끼리 한 밥상에 둘러앉아/ 식구가 된 낯선 명절 아침")이나, 원형(圓形) 이미지를 도입하여 주인과 손님의 수직적 위계를 수평적으로 바꿔버리는 「둥근 식탁보」("둘러앉으면 손님도 식구다")가 그렇다. 소비자본주의 시대를 살아가는 많은 사람들은 자신만의 세계, 자신만의 취향, 자신만의 공간을 소유하고 그것을 유지하는 일이 '자유' 라고 생각한다. 이러한 자유가 '경계' 와 '우물' 에 의지하고 있음은 상식에 속한다. 하지만 시인은 이러한 현대적 자유 개념에 동의하지 않는 듯하다. 심지어 그는 '감옥' 밖에 있어도 그 "바깥 벗어나지 못하면 바깥이 감옥"(「바깥에서 온 편지」)이라고 주장한다. '바깥'이 '자유'의 공간이 아니라 '감옥'이라는 인식에는 이 세계를 바라보는 시인의 세계상(a picture of the world)이 함축되어 있다.

사람과 사람 사이 멀다
서로에게 흘려보내줄 사소함마저 바닥나고
함께 있어도 스미지도 길들지도 못하고
외로울수록 문은 더 깊숙이 열리고

타클라마칸에서 온다고도 하고
계절 너머 이름 없는 곳에서 비롯된다고도 하는 황사는
사막에서 사막으로 거처를 옮기며
흔적을 새겼다 지웠다 다시 새기며 관계를 꿈꾸는데

우리 사는 곳 사막인 줄 어찌 알고
먼 길 달려와 고춧가루 풀듯 확, 보따리를 푼다
외면하려 감은 눈이 맵다
서걱서걱 씹힌다 혼자 먹는 반 공기의 밥알이
귀 기울이니 봄이 멀다

—「먼 봄」 전문

'세계상' 은 어떤 일정한 관점이나 한정된 사고방식 안에서 보는 세계의 모습을 의미한다. 그것은 주관적으로 경험되는 세계의 모습이기에 시인에 따라 다르기 마련이다. 우리는 시 속에 투영된 세계상을 통해서 시인이 자신이 포함된 세계를 어떻게 감각하고 있는가를 이해할 수 있다. 이 시는 시인이 세계를 어떻게 감각하는가를 단적으로 보여준다. 시인은 우리가 살고 있는 세계를 '사막' 으로 이해한다. 그렇다면 '사막' 이라는 기호가 구체적으로 지시하는 사태는 무엇일까? 그것은 "사람과 사람 사이 멀다" 라는 진술에서 분명하게 드러난다. 도시에는 사람들이 물결처럼 넘쳐흐르고 있지만 엄청난 인구수에도 불구하고 시인은 이 세계에서 진정한 인간관계를 느끼지 못한다. '관계' 란 결코 수의 문제가 아니다. 시인은 일찍이 엥겔스가 "인류가 개별적인 원칙과 목적을 지닌 단자(單子)들로 해체되어버린 세계" 라고 말했던 그 원자(原子)의 세계를 '사막' 의 이미지로 전유한다. 추측컨대 시인은 황사가 날아드는 어느 봄날을 배경으로 이 시를 쓴 듯하다. 하지만 세계가 '사막' 처럼 느껴지는 시인에게 황사가 날아드는 봄은 결코 온전한 의미의 봄으로 경험되지 않는다. 요컨대 그것은 봄날의 풍경을 '명품' 보다 진귀한 것으로 평가하면서 "이 봄에 모조模造란 없다"(「명품」)라고 말할 때의 '봄'과는 전혀 다른 것이다. 나혜경 시인에게 '자연'은 부조리하고 고독한 세계에 속하지 않는 '임시정부'(「나의 임시정부」) 같은 것이다.

길이 얼었다 나무도 얼었다
공기도 얼었다 고기 야채 값도 얼었다
파업한 지 두 달째인 버스
기다리는 사람들이 얼었다
진도앞바다에 묻은 울음소리
다급한 입술도 얼어붙었다
얼음이 만든 울창한 그늘의 도시는
순도 70%의 물이 얼어붙기 좋은 곳
집 없는 사내가 고드름처럼
부동산월드 앞에 오래 매달려 있다
언 힘으로 해빙을 기다리는 것들이
여럿 중의 완전한 하나가 되어
물구나무의 직립을 견딘다
먹어도 먹어도 허기진 표적이 먹잇감을 노려보고 있지만
몸을 던져 기어이 아가리를 맞출 것도 같지만
어금니 꽉 물고 있는 고드름
뛰어내리지도 못하는 연약한 무명들은

표정조차 참혹하도록 투명한데
세상을 바꿀 새봄이 떠오르질 않아
따뜻함을 기억하지 못하는 날들이 쿨룩쿨룩 에취에취

—「빙하기」 전문

나혜경의 이번 시집에서 '사막'과 더불어 주목해야 할 또 하나의 세계상은 '빙하기'이다. 시인은 세계를 "얼음이 만든 울창한 그늘의 도시"로 그린다. 이 도시의 모든 것들은 얼어붙었다. 길도, 나무도, 심지어 공기마저도. 하지만 이 도시의 모든 것들이 얼어붙은 것은 낮은 기온 때문만이 아니다. 시인은 그것을 얼어붙은 "고기 야채 값"과 파업으로 오지 않는 버스를 기다리는 사람들, "진도앞바다에 묻은 울음소리/ 다급한 입술"을 통해 증언한다. 그러므로 이 시에서 '겨울'은 중의적인 표현으로 이해되어야 한다. 그것은 "물구나무의 직립"으로 해빙의 순간을 기다리는 '고드름'이 지시하듯이 계절적인 의미에서의 겨울이면서, "집 없는 사내가 고드름처럼/ 부동산월드 앞에 오래 매달려 있다"처럼 신자유주의가 불러온 가난한 삶의 총체적 파산상태를 가리키는 사회적 상징으로서의 겨울이다. 그래서 희망을 상징하는 '봄'은 "세상을 바꿀 새봄"처럼 표현된다. 하지만 현실은 여전히 "쿨룩쿨룩 에취에취"에서 암시되는 빙벽의 겨울이다. 시인에게 문학, 즉 시쓰기는 '사막'과 '빙하기'를 벗어나려는 분투의 일종일지도 모른다. 시인이 자신의 삶을 성찰하는 까닭은 그것을 '사막'과 '빙하기'의 일부로 남겨두지 않으려는 욕망 때문일 것이며, 궁극적으로는 '경계'와 '우물', '사막'과 '빙하기'로 표상되는 세계에 진정한 '봄'이 도래하기를 희망하기 때문일 것이다.

낡은 집을 허물고 다시 지을 궁리를 합니다
방위는 당신들을 향합니다
내 몫의 그늘을 사방에 펼치고
고백하듯 무릎 꿇고 닦을 마루를 놓습니다
밤새워 엎드려 읽기에 좋을 눈이 초롱한 다락과
토해낸 쓸쓸까지 받아먹을 빈방도 필요합니다
이쯤에선 나와 짐과 집이 한몸이란 걸 증명하듯
구석구석 붙박이장을 짜 넣겠습니다
바람이 첨벙첨벙 걸어 들어와 눅눅한 빨래와
제 발목을 말리게 수문 같은 담장은 걷어치우고
떨리는 손과 그리움 짙은 속눈썹을 꽂을 수 있게
대지 끝엔 다년생 우체통을 심겠습니다
마당엔 지친 말을 맬 버들 한 그루 세워둡니다
촘촘한 것들이 헐거워지는 때가 오면
짤랑짤랑 말 발자국 떠나는 소리를

빈집은 배웅하게 될 겁니다

—「평면도를 그리다」 전문

'평면도'는 집의 구조적 배치를 수평으로 절단하여 보여주는 그림이다. 그러므로 평면도를 그린다는 것은 '집'을 건축한다는 의미를 함축하고 있다. 인용시의 화자는 그것을 "낡은 집을 허물고 다시 지을 궁리"라고 고백하고 있다. '집'과 '글'은 '짓는다'는 술어를 공유한다. 새로운 집을 짓는다는 것은 곧 새로운 글을 쓴다는 창조의 의미이기도 하다. 그 '집=글'을 짓는 출발점에서 화자는 "방위는 당신들을 향합니다"라고 진술하고 있다. 시인에게 '집=글'은 '나'의 공간이되 '나만'을 위한 공간이 아니다. 그것은 익명의 존재인 '당신들'을 향해 건축되는 세계이다. 진정한 건축이란 주변과의 관계를 고려해서 만들어지는 것이 아닌가. 시인은 이 집이 '당신들'을 향해 개방된 집이기에 "수문 같은 담장"이 필요하지 않다고 말하고 있다. 대신 "떨리는 손과 그리움 짙은 속눈썹을 꽂을 수 있"는 "다년생 우체통"을 심겠다고 말한다. "다년생 우체통"의 정체는 꽃이나 나무 같은 식물일 테지만 시인은 그것을 '우체통'이라고 부른다. '우체통'이란 무엇인가? '담장'이 안과 밖을 구분하는 '경계'를 의미한다면, '우체통'은 외부와의 관계를 위해 필요한 도구이다. 그것은 안과 밖을, 이곳과 저곳을, 나와 나 아닌 것을 이어주는 매개이다. 그러므로 '담장'을 없애고 '우체통'을 심겠다는 것은 '나'의 세계를 '나 아닌 것'을 향해 개방하겠다는 의지의 표현이다. 이것이 건축에 관한 시인의 철학이라고 말한다면 그것은 고스란히 글쓰기, 즉 시에도 적용될 수 있을 듯하다. 시인에게 '시'는 '나'에 관해 이야기하는 고백의 언술이 아니라 바깥의 소리를 듣는 행위인 것이다.

어둠 쪽으로 기운 중력을 가지고 태어난 것들이 있다 우리 집 가구들도 모두 선천적 야행성인데, 저녁별이 자리를 펴고 식구들이 깊은 잠에 빠지면 우두둑 관절 꺾는 소리를 내며 움직이기 시작해서 사경쯤 되면 더 요란해진다 책장이 골똘한 생각에서 빠져나온다 소파가 자세를 바꾼다 장롱이 요 위에서 뒹군다 냉장고가 춥다고 점프를 한다 맹수보다 덩치 큰 것들이라지만 보기와는 달리 육식성의 습관이란 없다 제 몸을 조금씩 갉아먹을 뿐, 야행으로 하루가 다르게 수척해져 급기야 장롱의 아귀가 맞지 않는다 소파가 푹 꺼졌다 냉장고가 해소기침을 한다 유약한 것들은 무엇 하나 잡아먹지 못하고 자신만을 파먹고 산다 껍데기만 남아 쓸모없어질 때까지, 우리 집 집기들은 밤새 귀 부릅뜨고 그것을 다 듣느라 뼈만 남은, 나를 닮은 데가 있다

—「약골 야행 습관」 전문

시인을 포함한 모든 것들은 야행성이다. "저녁별이 자리를 펴고 식구들이 깊은 잠에 빠지면" 비로소 시인을 둘러싸고 있던 사물 — 세계가 소리를 내기 시작한다. 시인 또한 그 소리를 듣느라 쉽게 잠들지 못한다. 이 사유에 따르면 시는 소리를 내는 것, 즉 말하는 행위가 아니라 타인과 사물이 내는 소리를 듣는 행위에 가깝다. 생각해보면 타인과 사물은 시시때때로 '나'에게 말을 걸어온다. 그것은 "저쪽에서 발 하나가/ 내 쪽으로 뻗어와"(「발뒤꿈치가 안쓰럽다」)처럼 신체적인 사건으로 경험될 수도 있지만, 대개 "내 등에 독수리타법으로 자판을 두드려 말을 건네옵니다"(「불면의 집」)처럼 '나'의 일상을 뒤흔드는 방식으로 도래한다. 이때 우리가 '나'에 집중하기를 멈추지 않는다면 그 소리는 결코 들리지 않는다. 그것은 "나는 없고 꽉 막힌 귀만 있다"(「화」)처럼 아무리 큰 소리여도 들리지 않는 법이다. 반대로 타자의 음성에 귀를 기울이려고 애쓸 때에는 「묵묵」의 한 구절처럼 '침묵'마저 또렷하게 듣게 된다. "헌데 가만 보니 눈과 귀를 자른 맨 입 속으로 들리지 않는 소리와 보이지 않는 온갖 소리들까지 줄지어 걸어 들어가 우물 하나 깊어지는 겁니다 소리를 뱉는 우물이 아니라 소리를 받아먹는 우물"(「묵묵」)이란 결국 묵묵잠잠한 우물에서마저 소리를 듣는다는 의미가 아닌가. 나혜경의 이번 시집에는 유독 타자적 존재가 '나' 에게 다가오는 장면들이 빈번하게 등장한다. "사나운 것들이 다녀간 흔적 바라보는 눈은 왜 이렇게 숨찬지"(「터널」), "불통의 날들로부터 멀어지려는 바쁜 내 어깨를 잡아당기며"(「가을 저녁의 전화」), "그곳에 다녀온 후 적도는 일상의 축을 맴돌고 있다"(「적도」) 같은 진술들이 여기에 해당하거니와, 시인은 지속적으로 현존하지 않는 것, 한때 자신을 관통해 지나갔으나 지금은 남아 있지 않은 '기억' 과 '흔적' 을 실마리에 천착함으로써 그것을 내 안에 있는, 그렇지만 현존하지 않는 세계에 대한 성찰로 확장해 나간다. "다만, 돌아가버리면 영영 잃는 거라고 정의할 즈음 무덤에서 걸어 돌아오는 것이 있다 절뚝거리면서라도 돌아온다"(「블랙홀, 그 후」) 시인에게 문학은 '나' 를 말하는 행위가 아니라 "내 마음은/ 한쪽으로만 기울어/ 되새김하는/ 기억의 귀퉁이가/ 불편하다"(「편애」)처럼 현존하지 않는 세계에 관심을 기울이는 것, 타자적 존재, 그 침묵의 소리에 가만히 귀를 기울이는 겸손한 행위이다. 「유명한」에서 시인이 "나이에 비해 노련한 말투와 몸짓"을 자유롭게 구사하는 유명 문학인의 강연을 듣고 "겸손을 연기하기엔 이 프로 부족했다"라고, "건성건성 쓴 이름 속엔 유명함이 진하게 물들어 있었다"라고 비판적으로 평가한 이유도 여기에서 찾을 수 있을 것이다. 시집을 덮었음에도 이런 진술이 오랫

동안 기억에 남는 까닭도 여기에 있을 것이다. "모자란다는 말/ 사실 채울 곳 남아 넉넉하다는 뜻이지요"(「그 말」)